AF349729

MÉMOIRE

SUR

LES MARTYRS CHRÉTIENS

ET

LES SUPPLICES DESTRUCTEURS DU CORPS,

PAR M. EDMOND LE BLANT.

EXTRAIT DES MÉMOIRES DE L'ACADÉMIE DES INSCRIPTIONS ET BELLES-LETTRES,
TOME XXVIII, 2ᵉ PARTIE.

PARIS.

IMPRIMERIE NATIONALE.

M DCCC LXXV.

MÉMOIRE

SUR

LES MARTYRS CHRÉTIENS

ET

LES SUPPLICES DESTRUCTEURS DU CORPS.

Parmi ceux qui ont étudié les Actes des martyrs chrétiens, quelques-uns se sont arrêtés à un fait digne de remarque par sa fréquente reproduction. Des auteurs de livres sur la magie, et entre autres Delrio, se sont demandé comment des saints jetés dans les flammes, dans les flots, livrés aux bêtes féroces, ont été, par une grâce d'en haut, soustraits à ces terribles dangers, tandis que la protection divine leur a manqué dès que leurs bourreaux les ont frappés avec le fer[1]. Un demi-siècle plus tard, Thomas Hurtado revient sur ce point et conclut, avec Delrio, que le sacrifice des martyrs s'est accompli sous cette dernière forme parce que le glaive est l'instrument ordinaire et régulier de la justice[2]. En 1757, un prêtre ita-

[1] Delrio. *Disquisition. magic.* l. I. q. 21. Éd. de 1604, t. I, p. 186, 187.

[2] P. Th. Hurtado, *Resolutiones ortho-doxo morales de vero martyrio*, p. 141. Resol. XXXV. sect. IX.

lien, Baruffaldi, consacre au même sujet une interminable dissertation et se range à l'opinion ancienne, en ajoutant que le fait signalé s'est produit par la volonté de Dieu[1]. « Mais c'est « là le point en litige, objecte Arevalo dans ses notes sur Pru- « dence ; il reste maintenant à expliquer pourquoi Dieu en « aurait décidé ainsi. » Puis il ajoute que, s'il a été donné aux saints de défier les plus terribles des supplices infligés à leur constance, c'est afin de montrer clairement qu'elle découlait d'une source divine. Ce que l'on a dit avant lui ne le satisfait guère, et sa propre explication ne paraît de même le contenter qu'à demi[2].

Bien qu'il s'agisse ici d'un fait sur la réalité duquel les anciens eux-mêmes sont parfois loin de s'accorder[3] et qu'accompagnent trop souvent des circonstances toutes légendaires, la multiplication singulière des récits qui le mentionnent appelle l'examen, et la solution de la question qu'il soulève me paraît devoir être cherchée non point, comme on l'a fait, par voie de conjecture, mais par l'emploi des procédés ordinaires de la critique.

Le premier soin doit être de réunir, ce que l'on n'a pas encore songé à faire, les textes qui serviront de base à la discussion ; et, si je m'égare dans leur étude, j'aurai, du moins, facilité ici l'examen du problème à résoudre.

L'une des relations les plus connues en rectifie tout d'abord les termes, en montrant que le fer n'était pas le seul instru-

---

[1] *Nuova raccolta d'opuscoli scientifici e filologici*, Venezia, 1757, p. 255-355. *Del colpo di spada o qualunque ferro tagliente ... con cui ... fallace ad decapitare o dar la morte a e martirio di Cristo.*

[2] *Prudentio carmina*, Ed. Romae, 1789, p. 884 et ...

[3] D'après les textes occidentaux, sainte Agnès, préservée des flammes, aurait été tuée par le glaive ; selon les relations orientales, elle aurait péri sur le bûcher. (Voir, à la fin des *Actes de sainte Agnès*, par M. Bartolini, la réunion des textes relatifs à cette martyre.

ment de supplice infaillible, quand d'autres étaient demeurés
sans effet. Le bûcher de sarments et de roseaux sur lequel
saint Romain devait périr fut noyé, dit Eusèbe, par une pluie
miraculeuse, et ne put être allumé; après ce fait et un autre
que les anciens signalent également comme un prodige, le
martyr, jusqu'alors protégé par le Seigneur, est étranglé dans
sa prison[1]. Demeuré debout et inattaquable au milieu des
flammes, saint Polycarpe succombe sous un coup de poignard[2].
Les gladiateurs égorgent avec l'épée saint Tarachus et ses compagnons, qu'avaient épargnés les bêtes féroces[3]. On décapite
Firmus et Rusticus, que le feu du bûcher n'a pu atteindre[4].
Les relations que Ruinart n'a pas comprises dans son recueil
des *Acta sincera* présentent souvent des traits semblables :
saint Cyrille, sainte Agnès, saint Zénon, périssent de même
sous le glaive, après avoir défié l'atteinte du feu[5].

Empruntés aux écrits des Pères, aux meilleurs Actes des
martyrs, à ceux qui, bien que suspects en certains points, n'en
procèdent pas moins, dans leur ensemble, de traditions, de
récits répandus au premier âge de l'Église, les exemples que
je viens de citer pourraient être augmentés de beaucoup
d'autres. Ils suffiront à établir l'existence du fait relevé par nos
prédécesseurs, et dont l'explication me semble devoir être cherchée dans l'étude des croyances vulgaires aux temps antiques.

---

[1] « Duo mirabilia. » *Eusebii Pamphili
opuscula*, Ed. Sirmond, p. 95; *De marty
ribus Palæstinæ*, c. 11. Prudent. *Perist*. X,
s. Rom. v. 846 et suivants. Cf. Tille-
mont, *Mémoires pour servir à l'histoire ec-
clésiastique*, t. V, p. 210.

[2] *Ecclesiæ Smyrnensis epistola*, *de martyrio S. Polycarpi*, § 15 et 16. Ruinart,
Acta sincera, éd. de 1715. p. 43).

[3] *Acta S. Tarachi*, § 10 et 11. *Acta sin
cera*, p. 446.

[4] Maffei. *Istoria diplomatica*, p. 309.
310 et *Acta sincera*. éd. de Vérone.
p. 547.

[5] Adon et *Martyrol. rom.* 9 jul.; *Acta
S. Agnetis*, c. 1. § 11. Bolland. 21 jan.
Acta S. Zenonis et Zenæ, c. 11. § 15 et 16
Bolland. 23 jun.

I.

Tout semble avoir été dit et écrit sur la constance des martyrs; il n'est point de formule d'éloges que l'admiration de leurs contemporains, celle des âges suivants, n'ait épuisée; et cependant, si, reportant ses regards vers les siècles où tant de chrétiens périrent pour le nom du Seigneur, on se pénètre des idées répandues alors dans le monde, le sacrifice d'un grand nombre de saints prend des proportions plus hautes. Il ne s'agit plus seulement pour eux de tortures défiées, d'angoisses surmontées, de silence imposé à la chair frémissante sous la main du bourreau. La résistance aux fureurs des idolâtres exigeait quelquefois un plus grand effort; ceux qui se résignaient à périr sur le bûcher, dans les flots, sous la dent des bêtes féroces, devaient s'armer devant la mort d'une résolution plus ferme.

Aux yeux de la foule, en effet, l'anéantissement du corps venait en même temps faire obstacle à la résurrection promise, à la future béatitude. En vain, le Seigneur avait dit : « Ceux « qui peuvent tuer le corps ne sauraient tuer l'âme, » l'étrange persuasion dont je parle était entrée, et pour longtemps, dans l'esprit de la masse des fidèles.

Les anciens âges lui avaient légué, en cet endroit, de sombres terreurs. Répandue chez les Israélites aussi bien que chez les idolâtres, l'horreur pour le défaut de sépulture régnait toujours dans les esprits, et la croyance aux malheurs appelés sur les morts par la privation du tombeau devait rester, si je puis parler ainsi, l'un des dogmes de la multitude.

Les cadavres des maudits étaient abandonnés sur le sol, livrés aux injures de l'air, à la voracité des bêtes sauvages.

Ainsi avait-il été fait pour Joachim, pour Jézabel et plus tard pour saint Étienne accusé de blasphème[1]. Vingt fois, l'antiquité classique nous montre errantes et tourmentées les âmes des morts restés sans sépulcre, Elphénor, Patrocle, Palinure, Crassus, Architas et tant d'autres[2]. Jusqu'au jour où les derniers devoirs furent rendus à Caligula, la maison où il avait péri resta troublée de bruits épouvantables[3]. Pline, Lucien, avant eux le vieux Plaute, parlent de fantômes apparus pour demander un tombeau[4]. A ceux qui n'avaient point obtenu la *justa sepultura*, le passage du Styx était fermé, et, durant un siècle, leurs ombres erraient désolées sur ses rives[5].

Aussi était-ce un crime irrémissible que de ne pas ensevelir, suivant les rites accoutumés, ceux que venait de frapper la mort. Le prestige même de la victoire n'avait pu sauver les généraux coupables de n'avoir pas relevé les corps des Athéniens tombés dans le combat des Arginuses[6] ; et, plus tard, un autre navarque, Chabrias, laissait volontairement échapper les fruits d'un succès militaire pour recueillir et ensevelir ses morts[7].

Les criminels seuls devaient être privés du repos de la tombe ; les corps des traîtres, des ennemis de la patrie, des grands coupables, étaient ignominieusement abandonnés, et parfois même l'humanité des Romains recula devant l'application d'une pareille rigueur[8].

[1] *Jerem.* XXII, 18; XXXVI. 30; IV. *Reg.* IX. 10; *Epist. S. Luciani de revelatione corporis Stephani martyris primi*, § 3. S. August. ed. Bened. t. VII, appendix.

[2] *Odyss.* XI. 73; *Iliad.* XXIII. 71; *Virg. Æn.* VI. 337; Lucan. *Phars.* I. 11; VIII. 393; Horat. *Od.* I. XXVIII.

[3] Suet. *Calig.* LIX.

[4] Plin. *Epist.* VII. XXVII; Lucian. *Philopseud.* XXXI; Plaut. *Mostell.* II. II, v. 497.

[5] Virg. *Æn.* VI, 315-383. Cf. Tertull. *De anima*, c. LVI.

[6] Xenophon. *Hellen.* I, VII.

[7] Diod. Sicul. XV. XXXV; cf. Egger. *Observations sur un fragment oratoire et langue grecque* (Revue archéol. 1862).

[8] Plut. *In Anton.* II; I. 1. 2. 3 *De cadav.*

C'était déjà trop, semblait-il, qu'un sort impitoyable condamnât les naufragés à demeurer sans sépulcre. Sous cette forme, le trépas apparaissait plus redoutable et plus horrible; devant elle, les anciens ne trouvaient qu'un seul et même cri de terreur. Être la pâture des poissons, perdre l'espoir de la sépulture qui assurait le repos éternel, c'était là un sort que le plus grand nombre ne pouvait envisager sans trouble.

Exilé, résigné à tout souffrir, Ovide, au milieu d'une tempête, s'écriait : « Je ne crains pas de périr; je crains la mort « terrible qui me menace. Que j'échappe au naufrage et je sa- « luerai le trépas comme un bienfait. On se console du moins, « en expirant, d'abandonner son corps à la terre, de laisser ses « restes à qui vous aime, d'espérer un sépulcre et de ne pas « être jeté en pâture aux monstres de la mer[1]. »

Obtenir un tombeau pour sa dépouille, tel était le vœu, le but suprême. En racontant un accident de mer dans lequel il a failli périr, Synésius nous introduit au milieu des voyageurs affolés. « Tout à coup, dit-il, quelqu'un s'écrie qu'il faut se « mettre au cou le peu d'or que l'on peut avoir; on obéit, cha- « cun s'attache ou l'or ou les objets de prix; les femmes se pré- « parent et distribuent des cordonnets à qui en manque. C'est « un usage qui a sa raison d'être. Le cadavre du naufragé doit « porter avec lui le prix de sa sépulture. Celui qui rencontre « le corps sur le rivage et profite de cette trouvaille redoutera « la colère céleste, s'il ne rend à qui l'a enrichi une faible part « de ce qu'il en a reçu. C'est dans cette pensée que se disposent « tous mes compagnons d'infortune[2]. »

Synésius n'est pas le seul qui nous renseigne en cet endroit. Une lettre d'Alciphron rapporte l'entretien de gens qui ont

punctur. Digest. XLVIII, 24 : Paul. Sententior. I. XXI. 16.

[1] Trist. I. II, v. 51-56.

[2] Epist. IV. Fratri Evoptio.

vu du rivage les fureurs d'une mer agitée. « Attendons, dit
« l'un d'eux, que la tourmente s'apaise et que le ciel redevienne
« serein ; nous irons visiter la grève, et, si les vagues y ont jeté
« le corps de quelque naufragé, nous l'ensevelirons suivant
« les rites. Immédiate ou non, la récompense d'un tel acte de
« piété est certaine ; sans parler des objets de valeur qu'on
« espère rencontrer et recueillir, le sentiment du devoir accom-
« pli satisfait et relève le cœur[1]. »

Avec la crainte d'être privé du bienfait de la sépulture, une
autre pensée troublait encore les malheureux menacés de
périr dans les flots. Vaguement indiquée dans un passage
où Philon explique comment l'homme doit vivre et mourir
dans son élément[2], elle est nettement développée par des écrivains d'un âge postérieur. Homère, disait Servius commen-
tant une exclamation d'Énée, Homère enseigne que le trépas
des naufragés est chose horrible ; car l'âme est de feu et s'éteint
pour toujours dans l'élément qui lui est contraire[3]. La scène
de la tempête décrite par Synésius témoigne de la même
croyance : « Je l'atteste, dit-il, par la Divinité que vénère la phi-
« losophie, je ne pouvais, devant un tel péril, me défendre de
« songer à Homère ; peut-être, pensais-je, il a dit vrai lorsqu'il
« explique que l'âme des noyés périt avec eux. » Synésius
n'était pas le seul passager qui se troublât l'esprit d'une pareille crainte. Des soldats, ses compagnons de voyage, tirent
à la fois leurs épées. « Je les interroge, poursuit-il ; ils me ré-
« pondent que, dans un naufrage, mieux vaut jeter son âme

---

[1] Lib. I. Epist. X. Ed. Bergler. t. I,
p. 55, 56.

[2] *Adversus Flaccum*. Ed. Mangey. t. II,
p. 544.

[3] *In Æneid*. I. 98 : « *Ingemit*, non prop-
« ter mortem : sequitur autem O ter qua-

« terque *beati* ; sed propter mortis genus.
« Grave est enim, secundum Homerum,
« perire naufragio, quia anima igne et ex-
« tingui videtur in mari, id est in elemento
« contrario. »

« au vent que de la perdre au fond des mers; c'était penser
« instinctivement comme le poëte, et je les en approuvai[1]. »

Le Dieu de la philosophie, que prend à témoin Synésius,
n'aurait point, je pense, applaudi aux secrètes émotions de
son adepte. Depuis longtemps les philosophes avaient cherché
à réagir contre les terreurs du vulgaire. Un hémistiche de Virgile, un vers de Mécène, un autre de Lucain, un texte de Pé-
trone, montrent que tous n'acceptaient pas un semblable préjugé[2]. Sénèque écrivait ces paroles dignes d'être prononcées
par une bouche chrétienne : « L'âme divine, prête à sortir du
« corps, ne s'inquiète pas de sa dépouille. Qu'importe que
« ces restes disparaissent par le feu, soient recouverts de terre
« ou déchirés par les bêtes sauvages? Celui qui ne tremble ici-
« bas devant aucune menace ne craindra pas pour son corps
« inanimé les fureurs qui, pendant la vie, ont été impuissantes
« à l'émouvoir. Je ne redoute ni l'abandon de mon cadavre ni
« les crochets infâmes qui pourraient le traîner[3]. »

Vains efforts de la philosophie contre d'instinctives terreurs.
Ovide, Virgile, Horace, Properce, Philon, Synésius avant sa
conversion au christianisme, de nombreuses pièces insérées
dans l'Anthologie grecque, en attestent la persistance[4], et une
révolution profonde pouvait seule les atteindre dans leur base
en jetant dans le monde d'autres idées sur la destinée de l'âme
immortelle.

---

[1] Epist. cit.

[2] En. II, 646; Senec. Epist. XCII;
Luc. Phars. VII, 723; Petron. Satyr. CXV.

[3] August. Cir. Dei, I, XII in fine.
Epist. XCII. Voir sur ce thème des
philosophes, Lactance. Inst. div. VI, XII.

[4] Voir ci-dessus pour Ovide, Virgile,
Horace, Philon et Synésius. Propert. III,
VI, v. 9. Anthol. graeca, Sepulchralia,
n° 235 et suivants.

II.

Il était donné au christianisme d'accomplir cette œuvre difficile; mais la lutte devait être longue; avant de disparaître à jamais, le tenace préjugé des anciens devait se déplacer et revêtir une forme adaptée aux idées nouvelles.

Avec les doctrines chrétiennes s'évanouissent la crainte du Styx infranchissable, des rigueurs de Charon, vieilles fables dont s'étaient égayés les philosophes[1]. Mais une secrète inquiétude succédait aux terreurs des païens; détruit par une mort violente, le corps ressusciterait-il? sa disparition ne mettrait-elle pas au néant la récompense promise? Le chrétien renaît pour que son être participe tout entier au jugement; si le corps ne sort point du tombeau, l'âme ne peut recevoir la couronne; elle est exclue à tout jamais de la béatitude céleste[2]. Telle était la doctrine enseignée par les Pères, et l'une de ses applications, à coup sûr les plus inattendues, est fournie par un texte de Lactance non signalé jusqu'à cette heure. Dans la pensée de l'écrivain, la règle dont je parle s'était étendue jusqu'à Jésus lui-même. « Si le Seigneur a accepté, dit-il, le « supplice de la mise en croix, c'est que son corps devait rester « entier et que la mort, sous cette forme, ne mettait pas obs- « tacle à sa résurrection[3]. »

Comment espérer se soustraire à la loi subie par celui dont

[1] Cic. *Tuscul.* I, 5, 6; Senec. *Epist.* XXIV; Juven. *Sat.* II. v. 149-155; cf. S. August. *De cura pro mortuis gerenda*, c. 1 et IX.

[2] Tertull. *Apolog.* XLVIII : « Ratio restitutionis destinatio judicii est; » cf. *De anima*, IV, S. Chrysost. *Homil.* XXXIX in Epist. I Cor. § 3. Εἰ γὰρ οὐ ἀνίσταται τὸ σῶμα, ἀστεφάνωτος ἡ ψυχὴ μένει ἔξω τῆς μακαριότητος ἐκείνης τῆς ἐν οὐρανοῖς.

[3] *Instit. div.* IV. XXVI : « ... Ut integrum corpus ejus conservaretur quum die tertio resurgere ab inferis oportebat, etc. »

la mort, le séjour aux lieux sombres, la résurrection, étaient le type de nos fins dernières[1]?

Le début de la *Cité de Dieu* nous montre quel lien étroit la masse des fidèles établissait entre la conservation du corps et sa reconstitution future. Un terrible désastre avait fondu sur Rome; les hordes d'Alaric venaient de la couvrir de sang et de ruines; des milliers de cadavres avaient été abandonnés sans sépulture. Écoutons les enseignements donnés par l'évêque d'Hippone à ceux que troublait ce dernier malheur.

« Combien de chrétiens, me dira-t-on, n'ont pu, dans cette « tourmente, être mis au tombeau. C'est là ce qu'une foi pieuse « ne saurait guère redouter, car il est écrit que pas un cheveu « de notre tête ne périra, et les bêtes qui dévorent un cadavre « ne sauraient l'empêcher de ressusciter. La Vérité ne dirait « pas : « Ceux-là qui tuent le corps sont impuissants à tuer « l'âme, » si ce que l'ennemi peut faire des restes de ses victimes « était un empêchement à l'autre vie. Dieu nous garde de ré-« voquer en doute ce qu'a dit la Vérité! Le sol n'a point re-« couvert un grand nombre de chrétiens égorgés; mais nul « d'entre eux n'a pu être séparé du ciel et de la terre que rem-« plit de sa présence celui qui sait d'où la créature doit être « rappelée pour la résurrection. Les gentils ne peuvent insulter « aux chrétiens demeurés sans sépulture, car il nous est promis « que non-seulement la terre, mais tous les éléments dans le « sein desquels le corps serait confondu, le rendront à la vie « éternelle, quand viendra le jour fixé par le Très-Haut[2]. »

Je dois le rappeler ici : annoncé autrefois à Athènes et accueilli par des railleries, le dogme de la résurrection fut de ceux

---

[1] S. Iren. V, xxi, 5; S. Greg. magn. In Ezech. l. II, Hom. VIII, § 5; cf. Inscriptions chrétiennes de la Gaule, t. II, p. 357.

[2] Civ. Dei, l. xii; De cura pro mortuis gerenda, II, vi.

que les chrétiens acceptèrent le plus difficilement. L'intelligence d'un tel mystère exigeait, écrit Origène, une culture de l'esprit qui n'appartient qu'au petit nombre [1]; ignorants et païens se rencontraient, en cette matière, dans une même objection [2]. Parmi ceux des docteurs de l'Église qui les combattirent avec le plus d'éloquence, quelques-uns même avaient douté d'abord; Tertullien et saint Grégoire le Grand s'accusent d'avoir cédé à ce manque de foi [3]. L'incrédulité ne devait disparaître que lentement; l'illustre pape que je viens de nommer, avant lui saint Jean Chrysostome, au vi[e] siècle Grégoire de Tours, au ixe même Jonas d'Orléans, constatent d'obstinées résistances à l'admission du dogme consolateur [4].

La difficulté de comprendre comment pourraient être reconstitués les éléments d'un corps évanoüi, telle avait été, telle restait la cause principale du doute [5].

Un dialogue rapporté dans l'*Historia Francorum* nous initie aux disputes engagées sur nos fins dernières dans la seconde moitié du vi[e] siècle. Grégoire de Tours raconte comment un prêtre gaulois infecté, dit-il, de l'hérésie saducéenne, soutint longuement contre lui la thèse des incrédules.

« Des os réduits en poudre, disait cet homme, peuvent-ils « donc reprendre l'existence et former un être vivant?

« Certes, lui répondait l'évêque, nous croyons que Dieu res-

---

[1] *Contra Celsum*, l. V, p. 242, ed. Cantabr.

[2] *Liber de promissionibus et prædictionibus Dei*, pars IV, c. xviii. (Dans l'appendice des œuvres de S. Prosper d'Aquitaine.)

[3] Tertull. *Apol.* XVIII : « Hæc et nos risi-« mus aliquando; » S. Greg. magn. *Homil. in evang.* II, xxvi, § 12 : « Multi enim de « resurrectione dubitant, sicut et nos ali-« quando fuimus. »

[4] S. Greg. magn. *loc. cit.*; S. Chrysost. *Hom.* IV. *in Ep. 1 ad Cor.* § 6; Greg. Tur. *H. Fr.* X, xiii; Jonas Aurel. *De instit. laic.* l. III, c. xvi; voir encore Samso. *Apologeticus*, l. II. *Præfat.* § 4, dans Florez, *España sagrada*, t. XI, p. 379

[5] Tatian. *Advers. Græc.* § 6; S. August. *Sermo* CXX, *De diversis*, § 12; *Liber de promissionibus Dei*, IV, xviii, etc.

suscitera sans peine le cadavre tombé en poussière et divisé
par le vent sur la terre et sur les eaux.

« Vous vous trompez, répliquait l'incrédule, et vous soutenez
une grande erreur avec des paroles séduisantes, lorsque vous
dites que l'homme dévoré par les bêtes, englouti par les flots,
mangé par les poissons, dispersé par le courant des eaux,
détruit par la putréfaction dans le sein de la terre, sera res-
suscité un jour[1]. »

Les inscriptions, qu'on doit toujours placer au premier rang
lorsqu'on veut pénétrer dans le secret de l'idée vulgaire, les
inscriptions témoignent d'une même inquiétude. Moins abso-
lus dans leur doctrine que le prêtre gaulois dont je viens de
rapporter les paroles, leurs rédacteurs admettent la reconstitution du corps par celui dont la toute-puissance réparera ce
qu'elle a su créer; mais, pour que l'homme se relève un jour,
il faut qu'il ait reçu la sépulture et que jamais une main impie
ne soit venue disperser ses ossements.

Une imprécation gravée sur un marbre funéraire de Rome
menace en même temps les violateurs des deux châtiments
associés par les croyances d'alors, la privation de tombeau, le
défaut de résurrection[2] :

.......INSEPVL
TVS IACEAT NON RE
SVRGAT.......

[1] Greg. Tur. *H. Fr.* X, xiii. Le texte même des livres saints fournit ici une ré-ponse. La mer, avait écrit saint Jean, rendra les morts ensevelis sous les eaux. *Apoc.* XX, xiii. Grégoire de Tours rap-pelle à son contradicteur cette parole que traduit curieusement une ancienne mo-saïque de Torcello près de Venise. Ce ta-bleau dont je dois la connaissance à mon savant confrère, M. Renan, représente la résurrection et le jugement dernier. Au milieu est figuré un ange sonnant de la trompette. A droite, la mer représentée par une Amphitrite entourée de monstres marins, dont chacun rend par la bouche un mort; à gauche des lions et autres bêtes sauvages rejetant aussi des cadavres.

[2] Bosio, *Roma sotterranea*, p. 436.

Une inscription de Côme, que j'ai déjà eu l'occasion de faire connaître, témoigne plus explicitement encore de la pensée répandue chez tant de fidèles. C'est une épitaphe autrefois placée dans un sanctuaire, et dont la fin, malheureusement mutilée, serait aujourd'hui perdue pour nous, si les manuscrits de Peiresc ne nous avaient gardé une copie complète de ce curieux monument[1]. En tête du marbre, qui me paraît appartenir aux dernières années du vi° siècle, est gravée, entre deux vases, l'image d'un agneau soutenant une longue croix latine; au-dessous se lit l'épitaphe suivante :

```
B                           M
HIC REQVIESCIT IN PACE
FAMVLA XPI GVNTELDA
SP F QVI VIXIT IN HOC SE
CVLO ANNVS PS MS L
DPS S D III EL SEPT
ITER HIC REQVIESCVNT
BASILIVS FILIVS IPSIV VNA C
FILIO SVO CVNTIONE QVI VIXIT
IN HOC SECVLO ANNVS PL MS L(?)
ADIVRO VOS OMNES XPIANI
[ET TE CVSTVDE BEATI
IVLIANI PER DO ET PER TREMENDA DIE
IVDICII VT] HVNC SEPVLCR[VM VIOLARI
NVNQVAM PERMITTATIS SED CONSERVETur
VSQVE AD FINEM MVNDI VT POSIM
SINE IMPEDIMENTO IN VITA REDIRE
CVM VENERIT QVI IVDICATVRVS EST VIVOS
ET MORTVOS][2]
```

[1] Bibliothèque nationale. Département des manuscrits, supplément latin, n° 101. t. I. f° 16. La portion existante de l'ins-cription est conservée à Côme, dans le palais Giovio où je l'ai copiée.

[2] Les mots placés ici entre crochets sont

Ainsi donc, dans la pensée de ceux que rappelait cette épitaphe, les cadavres privés de tombeaux ou arrachés de leur sépulture avant l'heure du jugement dernier, n'avaient point part à la résurrection.

Plus d'un pourtant, parmi les Pères, s'était élevé contre une telle pensée. Nous l'avons vu pour notre Grégoire de Tours ; avant lui, Tatien, Athénagore, saint Chrysostome, saint Augustin, s'étaient prononcés dans le même sens. Le défaut de sépulture, la destruction du cadavre, disaient-ils, sont chose indifférente et n'empêchent pas la renaissance promise[1] ; mais l'enseignement même du saint évêque d'Hippone laissait quelque place au préjugé : « Les soins qu'on rend aux morts, écrivait-il, témoignent de la foi en la résurrection. » Un lien commun s'établissait ainsi entre l'ensevelissement et la renaissance future, et je doute qu'en lisant ces paroles tous les chrétiens aient su dégager, dans l'acte recommandé à la piété des survivants, l'intention purement symbolique de la raison d'être, attribuée par la foule à la mise au tombeau.

Le petit nombre pouvait seul s'élever à des conceptions mystiques dont les rêves de l'ascétisme dépassèrent plus tard la mesure. Au VIᵉ siècle, en effet, des pénitents demandaient comme une grâce de ne pas être ensevelis ainsi qu'il convient à des hommes, mais jetés, comme des bêtes mortes, dans les champs ou dans le cours des fleuves[2] ; vœu bizarre, quelque-

tires du manuscrit de Peiresc. Deux copies informes de ce qui reste aujourd'hui de cette inscription ont été données par Rovelli, *Storia di Como*, t. I, p. 529, et Allegranza, *De sepulcris christianis in ædibus sacris*, p. 166. Une autre transcription de la partie existante du monument se trouve dans l'intéressant recueil publié par M. Bernasconi et intitulé : *Le antiche lapidi cristiane di Como*, Como, 186[illegible], in 8°, p. 29.

[1] Tatien, *Oratio adversus Græcos*, § 6 ; Athenag. *De resurr.* § 4 ; *Questiones Græcæ ad christianos*, § 15 à la suite des œuvres de saint Justin ; Joh. Chrysost. *Homil. in S. Drosid.* § 6 ; S. Aug. *De civ. Dei*, l. XII.

[2] Joh. Climac. *Scala paradisi*, Grad. v.

fois exaucé, et dans l'expression duquel l'extrême humilité chrétienne et la forfanterie de Diogène le Cynique venaient se rencontrer et se confondre [1].

Aux temps où me reporte mon étude, l'heure de ces renoncements exaltés n'était pas encore venue; les instincts de l'humanité guidaient les masses, et, chez le plus grand nombre des fidèles, les âmes restaient ouvertes aux anciennes terreurs. Les païens en avaient été frappés. La forme même des pratiques funéraires adoptées par l'Église appelait déjà d'ailleurs leur attention; dans des temps, dans des lieux où l'incinération était exclusivement en usage, les chrétiens confiaient à la terre les restes de leurs morts. La formule DOMVS AETERNA, si souvent gravée sur les tombes des gentils, avait fait place à une parole nouvelle : inscrit sur la couche mortuaire, le mot DEPOSITIO proclamait que le fidèle y reposait en passant et que la tombe devait rendre un jour le dépôt qui lui avait été confié [2]. Les païens en raillaient leurs adversaires. « Ils « imaginent, disaient-ils, qu'ils renaîtront plus tard et que « leurs restes reprendront une nouvelle vie; aussi répudient-ils « le bûcher et l'incinération des corps. — Vous vous trompez, « leur répondait Minutius Félix; aucun mode de sépulture ne « saurait nous empêcher de renaître; nous suivons, en inhu-

---

ed. Paris. 1633, p. 123 : Ὁπηνίκα τις αὐτῶν ἐν τῷ πάντι ἐθεώρει ἑαυτὸν τοῦτο διὰ τοῦ προεστῶτος αὐτῶν ἐδυσώπει μεθ' ὅρκων τὸν μέγαν, τοῦ μὴ καταξιωθῆναι αὐτὸν ἀνθρωπίνης ταφῆς· ἀλλὰ ἀλόγου, ἢ ἐν τῷ ῥείθρῳ τοῦ ποταμοῦ, ἢ ἐν τῷ ἀγρῷ τοῖς θηρίοις παραδοθῆναι.

[1] Diogen. Laert. *Diogen.* in fine : Ἔνιοι δὲ φασι τελευτῶντα αὐτὸν, καὶ ἐντείλασθαι ἄταφον ῥίψαι, ὡς πᾶν θηρίον αὐτοῦ μετάσχοι.

[2] Deux épitaphes, l'une païenne, l'autre chrétienne, montrent nettement ici l'antagonisme. La première se termine par ces paroles : HAEC·DOMVS·AETERNA EST·HIC·SVM·SITVS·HIC·ERO· SEMPER (Olivieri, *Marmora Pisaurentia*, p. 33), tandis qu'on lit, sur la seconde, cette paraphrase du mot si fréquent, *depositio* : TEMPORALIS TIBI DATA RE QVETIO (Marini, *Arvali*, p. 266).

« mant les morts, l'ancienne coutume, qui est la meilleure [1]. » Mais cette réplique, sortie d'une bouche savante, n'était pas, nous venons de le voir, l'expression de la pensée commune. La terreur inspirée à la foule des fidèles par le défaut de sépulture, leur empressement à recueillir, malgré d'immenses périls, à inhumer les restes des saints, étaient trop connus pour que la méchanceté païenne ne cherchât pas dans la destruction des cadavres un moyen d'intimidation. Le récit du grand martyre de Lyon nous en fournit la preuve. « Accablés d'outrages sans nombre, dit la lettre rapportée par Eusèbe, les restes des saints furent exposés pendant six jours aux injures de l'air; puis on les brûla, et leurs cendres furent jetées dans le Rhône, afin que rien n'en subsistât plus. Les insensés croyaient ainsi vaincre la volonté du Très-Haut et priver les martyrs de la résurrection; tout espoir de renaissance serait, disaient-ils, enlevé à ces hommes qui s'en encouragent et introduisent dans l'empire une religion étrangère, méprisant les tortures et courant joyeusement à la mort. Voyons s'ils pourront ressusciter, si leur Dieu leur prêtera secours et les arrachera de nos mains [2]. »

III.

C'est dans la mêlée d'opinions dont témoignent les textes antiques, au moment où l'Église opposait ses enseignements aux préjugés de la foule, que tant de martyrs ont péri pour le Christ. Leurs paroles, leur attitude, fournissent souvent de nouveaux témoignages pour l'histoire de l'idée que j'étudie.

Je n'indiquerai qu'en passant une série d'Actes peu certains [3],

Minuc. Félix, Octavius, c. xi et xxxiv.

Id. et Il... cit. N. t.

Voir Aringhi, Roma subterranea, t. I.

c. x. Mazochi, Neapolitana ecclesiæ Kalen-

mais qui toutefois empruntent à leur grand nombre une singulière valeur, ceux qui nous montrent les martyrs s'inquiétant de ce que deviendront leurs restes inanimés, ou apparus pour demander une tombe, pour ordonner de réunir les débris de leurs cadavres destinés à revivre, *relliquias resuscitandas*, écrit Prudence[1].

L'une des pages les plus précieuses dans les fastes de l'Église primitive, le récit de la passion des saints d'Afrique, Montan et Lucius, appellera seule mon attention. La pensée de périr sur le bûcher, d'être anéantis par le feu, troubla leur âme prête au sacrifice : « Lorsqu'on nous gardait en prison, » racontent-ils eux-mêmes dans une lettre qui sert de début à leurs Actes, « nous sûmes que le gouverneur avait décidé de nous faire « brûler vifs. Mais Dieu, qui seul peut délivrer ses serviteurs « des flammes, Dieu qui tient entre ses puissantes mains les « paroles et les cœurs des rois, détourna de nous cette rage « cruelle. Nous priâmes sans relâche et nous fûmes exaucés. « La rosée du Seigneur éteignit le feu déjà prêt pour anéantir « notre chair; il étouffa l'ardeur de la fournaise[2]. »

À côté de cette expression du sentiment humain, l'histoire de l'Église primitive nous montre d'autres martyrs acceptant d'un cœur tranquille la destruction de leur dépouille mortelle. « J'exciterai les bêtes féroces, écrivait saint Ignace aux Romains, « je les exciterai pour que leurs entrailles me servent de tom-« beau et que rien de mon corps ne subsiste. Quand j'aurai « disparu tout entier, c'est alors que je serai vraiment le dis-

---

darium, t. 1, p. 277; Bolland. 27 mai, *Acta S. Restitutæ*, t. 1, § 17.

[1] *Hymn*. VI, S. Fructuos. V. 136.

[2] *Passio S. Montani, Lucii*, § 3 : « Incumbentes precibus assiduis tota fide statim « quod petivimus accepimus : accensus « pæne in exitum nostræ carnis ignis ex-« stinctus est et flamma caminorum ar-« dentium Dominico rore sopita est. » *Acta sincera*, p. 230.

ciple du Christ. Que les bêtes ne m'épargnent pas ainsi
« qu'elles ont fait pour quelques-uns; si elles refusent de m'as-
« saillir, je les y contraindrai par la violence[1]. »

Le sens de ces paroles s'éclaire par une réponse de saint
Pionius; cloué au poteau du bûcher qui devait anéantir ses
restes et sommé une dernière fois de sacrifier aux dieux de
l'Olympe, il s'écria : « Ce qui me fait surtout chercher la
« mort, ce qui me pousse à l'accepter, c'est qu'il me faut per-
« suader à tout le peuple qu'il est une résurrection[2]. » Témoi-
gner ainsi de sa foi dans les promesses d'en haut, tel était le
rôle, tel était le devoir des martyrs du Christ. Le Seigneur,
qui avait préservé de la voracité d'un lion les restes d'un pro-
phète coupable, abandonnait parfois à la colère des païens
les cadavres de leurs victimes. Il en était ainsi pour que l'acte
des martyrs en devint plus haut et plus admirable, pour que
ces hommes, résolus à défier tous les tourments, eussent à sur-
monter encore la crainte d'être privés de la sépulture, pour
que leur foi en la résurrection éclatât dans leur sacrifice. Ainsi
parle saint Augustin[3], et les Actes de saint Fructueux nous
apportent, pour ainsi dire, un écho de ses paroles. Condamnés
au bûcher, l'évêque et ses diacres y montent joyeux et « con-
« fiants en la résurrection; » puis, quand ils ont péri, Fructueux
apparaît aux fidèles. Il fallait, dit l'antique récit, que la mort
et la résurrection du saint devinssent un témoignage de la
vérité des promesses faites par sa bouche au nom du Seigneur.
Le juge païen vit de même ses victimes. Revêtues de l'étole des

----

[1] Epist. ad. Rom. c. iv et v.

[2] Passio S. Pionii, § 21. (Acta sincera,
p. 130.)

[3] De cura pro mortuis gerenda, c. viii :
Sed hoc quoque experimentum multi-
plici varietate tentationum deesse non de-
buit, ne fortitudo confessionis quae imma-
nitati persecutionis pro corporis salute
non cederet, pro sepulchri honore tre-
pidaret : postremo ne fides resurrectio-
nis consumptionem corporum formi-
daret, etc. »

bienheureux, elles lui reprochèrent sa cruauté. « Tes fureurs
« ont été inutiles, lui dirent-elles; ceux dont tu as voulu dé-
« truire la dépouille en ce monde sont vivants dans la gloire
« de Dieu [1]. »

Demander à tous les soldats du Christ une telle foi, une
confiance si haute, c'était peut-être attendre de leur courage
un trop grand effort. « Nul, écrivait saint Augustin, emprun-
« tant une parole de l'apôtre, nul ne peut haïr sa chair. Celui
« qui sait qu'après sa mort les honneurs funèbres ne lui seront
« pas rendus s'en attriste parce qu'il est homme. Tel est notre
« instinct de nature [2]. » Tel était aussi, je le répète, le sentiment traditionnel; idolâtres ou israélites, les ancêtres des
chrétiens avaient pensé ainsi, et la terreur du défaut de sépulture vivait chez les enfants comme chez leurs pères. Tous ne
se sentaient pas le courage de saint Tarachus, répondant à une
menace du juge : « Inflige-moi tous les supplices et fais en-
« suite de mon corps ce qu'il te plaira [3]. » Dans l'âme des plus
résolus, nous l'avons vu par les saints d'Afrique, s'agitait quelquefois une crainte; il fallait rassurer les timides et faire
éclater aux yeux de tous la vertu du maître souverain, l'im-
puissance des persécuteurs. Telle fut, selon toute apparence,
la pensée des hagiographes, empressés, nous le savons d'ailleurs, à voiler, dans l'histoire des martyrs, certains aspects
douloureux et funestes [4]. Dieu, qui avait défendu Daniel contre
la fureur des lions, les trois jeunes Hébreux contre les flammes,
sauvé Jonas des abîmes de la mer, déjouait, disait-on, la rage
des païens, et souvent sa main toute-puissante protégeait les

[1] Acta S. Fructuosi, § 3. 4. 6. 7. (Acta
sincera, p. 220, 222.)

[2] De cura pro mortuis gerenda, c. VII.

[3] Acta s. Tarachi, § 7. (Acta sincera,
p. 436.)

[4] Acta S. Petri, Andreæ, § 3; Passio S.
Theodoti. § 13. Acta S. Agapes, § 5; Act.
S. Didymi. § 3. (Acta sincera, p. 160. 342,
395, 398.) Prudent. Peristeph. XIV. ×
Agn. v. 42 et suiv.

restes de ses fidèles. On avait retrouvé intact dans le bûcher
le corps de saint Pionius; sa barbe même et ses cheveux n'a-
vaient reçu aucune atteinte; ses membres semblaient rafraîchis
par une jeunesse nouvelle; sa chair, pour ainsi dire, trans-
formée dans les flammes, attestait la gloire du martyr et la
vertu de la résurrection[1]. Quand étaient morts les grands
saints d'Héraclée, on avait revu la même merveille. Dans les
débris de leur bûcher, le vieil évêque Philippe, Hermès, son
compagnon, avaient reparu régénérés, éclatants de jeunesse[2].

Par ces récits, une riante espérance tendait à remplacer la
crainte. Des mains du bourreau impuissant à atteindre l'âme
des fidèles, le corps lui-même, enseignait-on, pouvait sortir
victorieux et renouvelé. Une légende naissait ainsi reproduite
sous mille formes diverses. A chacune de ses pages, l'histoire
des martyrs nous parle de saints restes enlevés par les fidèles
malgré la vigilance des païens empressés à les détruire, de
cadavres trouvés intacts dans le bûcher, respectés, protégés
par les animaux sauvages ou rejetés par les flots. Ce ne sont
pas seulement les Actes des saints qui nous redisent ces mer-
veilles; des écrivains ecclésiastiques les mentionnent également. Les restes de sainte Eulalie, de sainte Julitte, ne peuvent
être atteints par les flammes; ceux de saint Apollonius, de
saint Vincent, émergent des profondeurs de la mer, et un
oiseau de proie défend le corps de ce dernier contre la voracité d'un loup; des bêtes sauvages respectent la dépouille des
martyrs de la Palestine[3]. Voilà ce que redisent les Pères, et

---

[1] Passio Sanctorum Pionii et socio-
rum ejus martyrum, § 22. — Acta sincera,
p. 151.

[2] Passio S. Philippi 5 11. — Acta sanc.,
p. 419.

[3] Euseb. De mart. Palest. XI; Rufin.
De vitis Patrum, XIX; S. Basil. Homil. V
De S. Julitt.; Prudent. Peristeph. Hymn
III. S. Eulal. v. 176-180; Hymn V S. Vin-
cent v. 445-446.

cent fois l'histoire des saints nous montre ainsi les idolâtres empêchés de détruire les cadavres de leurs victimes.

A ce trait dominant dans la relation antique répond celui dont s'étonnèrent les écrivains des deux derniers siècles : la protection du ciel accordée aux martyrs contre certaines formes de la mort, leur abandon constant au fil du glaive. La multiplication des récits qui témoignent d'un pareil prodige peut s'expliquer par l'horreur des chrétiens pour la destruction de leur dépouille terrestre. Les supplices que tant de vieux écrits nous disent demeurés sans effet sont ceux où le corps doit périr. Sa disparition dans les flammes, dans les flots, sous l'assaut des bêtes féroces, pouvait être, aux yeux des anciens, un obstacle à la vie future ; la strangulation, le fer, auxquels la main de Dieu abandonne les martyrs, laissaient subsister le cadavre et n'enlevaient pas l'espoir de la résurrection.

Telle est la distinction à laquelle je crois pouvoir attribuer la fréquente reproduction d'une particularité merveilleuse. Légendaires, sans doute, bien que consignés parfois dans des écrits de premier ordre, les nombreux récits qui relatent les faits d'intervention céleste contre les seuls supplices où disparaisse le corps me semblent autant de traits à joindre à l'histoire de la vieille erreur, à celle des efforts tentés pour affranchir les chrétiens des craintes étranges que leur avaient léguées les anciens âges.